DEUXIÈME CONGRÈS NATIONAL

DES

OEUVRES POST-SCOLAIRES

ASSOCIATIONS AMICALES

PATRONAGES. — MUTUALITÉS SCOLAIRES

(4ᵐᵉ CONGRÈS DES " PETITES A ")

SOUS LA PRÉSIDENCE D'HONNEUR

De M. le Ministre de l'Instruction Publique

RAPPORTS

DES COMMISSIONS D'ORGANISATION

MONTPELLIER

IMPRIMERIE Gustave FIRMIN et MONTANE

3, rue Ferdinand-Fabre et quai du Verdanson

1901

MONTPELLIER (Palais de l'Université)
25, 26 et 27 Juillet 1901

DEUXIÈME CONGRÈS NATIONAL

DES

OEUVRES POST-SCOLAIRES

ASSOCIATIONS AMICALES
PATRONAGES. — MUTUALITÉS SCOLAIRES

(4me CONGRÈS DES " PETITES A ")

SOUS LA PRÉSIDENCE D'HONNEUR

De M. le Ministre de l'Instruction Publique

RAPPORTS

DES COMMISSIONS D'ORGANISATION

MONTPELLIER
IMPRIMERIE Gustave FIRMIN et MONTANE
3, rue Ferdinand-Fabre et quai du Verdanson
—
1901

ORDRE DES TRAVAUX

Jeudi 25 Juillet

9 heures matin. — Séance d'ouverture (Salle des fêtes du Palais de l'Université). — Rapport de la Commission exécutive du Congrès de 1900.

2 heures. — Réunion des cinq Commissions dans leurs salles respectives.

Vendredi 26 Juillet

9 heures matin. — Réunion des Commissions.

2 h. 1/2. — Séance plénière (Salle des fêtes du Palais de l'Université).

Samedi 27 Juillet

9 heures matin. — Séance de clôture, sous la présidence d'honneur de M. le Ministre de l'Instruction publique (Salle du Grand-Théâtre municipal).

3 heures. — Grande fête scolaire, au Peyrou.

COMITÉ DE PATRONAGE

MM. **Arnaud**, préfet de l'Hérault ;
   Aveyron, organisateur du deuxième Congrès des « Petites A », à Lyon ;
   Benoist, recteur de l'Université de Montpellier ;
   Laissac, président du Conseil général de l'Hérault ;
   Merlat, organisateur du premier Congrès des « Petites A », à Saint-Étienne ;
   Pezet, maire de la ville de Montpellier ;
   Seignette, président du premier Congrès national des Œuvres post-scolaires, à Paris.

COMITÉ D'ORGANISATION

BUREAU

Président : M. YON, inspecteur d'Académie de l'Hérault.

Vice-Présidents : M. AUDIBERT, président du « Sou des Écoles laïques », à Montpellier ; Mᵐᵉ BOUSQUET, directrice de l'École normale d'institutrices de Montpellier ; M. FERRIER, directeur d'école laïque à Montpellier ; M. PLANCHON, président de la Société d'Enseignement populaire de l'Hérault ; M. VIEILLOT, directeur de l'École normale d'instituteurs de Montpellier.

Secrétaire général : M. VALAT, président de l'Amicale des anciens élèves de l'École primaire supérieure de Montpellier.

— 4 —

Secrétaires : Mlle BASTIDE, directrice d'école à Cette ;
Mme BOURREL, directrice de l'Ecole primaire supérieure
de Montpellier ; MM. PARGOIRE, directeur d'école à
Saint-Pargoire, et REVERDY, directeur d'école à Montpellier.

Trésorier : M. LAVINAUD, directeur d'école à Montpellier.

MEMBRES

MM. Aïn, instituteur à Saint-Pons ; Arrousset, instituteur
à Montpellier ; Augé, directeur d'école à Béziers ; Bel, de
la Société d'Enseignement populaire de l'Hérault ; Belliol,
instituteur à Ceyras ; Mlle Bosc, directrice d'école à Montpellier ; MM. Bouniol, de la Société d'Enseignement populaire de
l'Hérault ; Brunel, directeur d'école à Cette ; Cabannes, inspecteur primaire à Saint-Pons ; Caïué, inspecteur primaire
à Béziers ; De Casamajor, secrétaire général du Congrès
mutualiste de 1900 à Montpellier ; Courtiial, président de
la Bibliothèque populaire à Montpellier ; Mlle Cazalis, directrice d'école à Montpellier ; MM. Delprat, inspecteur primaire
à Montpellier ; Dupont, vice-président de l'Association des
anciens élèves de l'Ecole primaire supérieure de Montpellier ;
Mme Jannesson, ex-directrice du Lycée de jeunes filles à
Montpellier ; MM. Jeanjean, directeur d'école à Béziers ;
Kleinschmidt, président du Comité de Patronage laïque à
Montpellier ; Larochette, directeur de l'Ecole primaire supérieure à Montpellier ; Mlles Lejeune, directrice du Lycée de
jeunes filles à Montpellier ; Mellet, directrice de l'Ecole primaire supérieure à Béziers ; MM. Mourgue, inspecteur primaire à Montpellier ; Planchant, directeur d'école à Cette ;
Ricard, instituteur à Cette ; Rouquette, instituteur à Aspiran ; Salles, inspecteur primaire à Lodève ; Vidal, secrétaire de l'Amicale des anciens élèves de l'Ecole primaire
supérieure de Montpellier ; Vieu, instituteur à Montpellier.

RÈGLEMENT DU CONGRÈS

Extrait du Règlement du Comité
d'organisation

I. — Le quatrième Congrès des Œuvres post-scolaires se tiendra à Montpellier les 25, 26 et 27 juillet 1901. Il sera national. Ce Congrès est organisé par un Comité, composé de délégués des Associations post-scolaires du département de l'Hérault.

II. — Font partie du Congrès : 1° Les délégués des Patronages, Associations amicales ou Mutualités scolaires adhérant au Congrès, et 2° les personnes spécialement invitées par le Comité d'organisation.

III. — Chaque Société adhérente doit une cotisation de 5 francs. Elle recevra en échange le rapport préparatoire des Commissions et le rapport officiel du Congrès.

IV. — Le Congrès se divisera en cinq Commissions, qui désigneront un président, un vice-président et un secrétaire-rapporteur. Chaque Commission discutera l'une des séries des questions inscrites au programme des travaux du Congrès.

V. — Le Congrès tiendra des séances générales et des séances de Commission.

VI. — Les membres du Congrès qui désireront prendre la parole dans les séances devront se faire inscrire par MM. les Secrétaires et indiquer le sens de leur intervention par la formule : *pour* ou *contre.*

La parole leur sera accordée dix minutes au maximum,

dans l'ordre de leur inscription, en faisant alterner, autant que possible, les opinions contraires.

VII. — Les auteurs de propositions ou modifications aux résolutions en discussion devront, autant que possible, formuler leur proposition par écrit et les déposer sur le bureau.

VIII. — Les membres du Congrès ont seuls le droit de prendre part aux discussions.

IX. — Aucune question étrangère à l'ordre du jour ne pourra être traitée dans les différentes séances du Congrès.

X. — L'ordre du jour de chaque séance sera fixé par le Comité du Congrès.

XI. — Aucune proposition ne pourra être formulée en séance générale si le dépôt n'en a été fait au Comité d'organisation.

XII. — L'examen des questions non inscrites au programme restera facultatif.

XIII. — Les membres du Congrès ne peuvent se faire inscrire qu'à une seule Commission. Cette inscription a lieu par le dépôt, au secrétariat du Congrès, de la carte de visite portant écrit le nom de la Commission aux travaux de laquelle on désire collaborer.

XIV. — Les votes se feront à mains levées ou, s'il y a lieu, par assis ou levé.

XV. — Le Bureau ou le Comité statuent, en dernier ressort, sur tout incident non prévu au règlement.

PREMIÈRE COMMISSION

Membres : MM. AUGÉ, BELLIOL, BOUNIOL, CABANNES, DUPONT, PLANCHON, VIDAL, YON.

Président : M. CABANNES ; *Secrétaire-rapporteur :* M. BELLIOL

La première Commission, dont le programme a un caractère doctrinal, a pensé qu'il pouvait être intéressant de condenser en quelques pages *les principes généraux* qui semblent devoir dominer le mouvement post-scolaire contemporain.

Les éléments qui composent cette sorte de charte ne sont pas nouveaux en totalité ; on y reconnaîtra pas mal de vœux émis par de précédents Congrès. L'idée d'un groupement harmonique est cependant nouvelle et pourra amener le très beau résultat de contribuer au succès de l'œuvre entreprise pour compléter l'action de l'école, en donnant une inspiration commune aux généreux efforts qui se prodiguent de toutes parts.

LES PRINCIPES ET LE ROLE SOCIAL DES ŒUVRES POST-SCOLAIRES (Rapport préalable)

A. — Le lendemain de l'école

Une démocratie soucieuse de ses destinées ne doit pas oublier les belles paroles de Carnot : « Il faut l'éducation du peuple pour la conservation de la liberté ». L'école populaire qui a charge de faire cette éducation arrête trop tôt son influence.

a). Le savoir qu'elle donne est un viatique insuffisant pour la traversée de la vie ; c'est, ainsi que l'a dit M. Édouard Petit, « un minimum qu'on doit compléter à l'âge de l'adolescence, à l'heure où l'assimilation est vraiment profitable et où le cerveau s'ouvre aux idées générales ». Cette nécessité d'un complément de savoir a fait éclore bibliothèques, cours d'adolescents et d'adultes, conférences, lectures de la jeunesse et des familles, universités populaires, dont l'ensemble constitue les œuvres d'enseignement post-scolaire.

b). Les bonnes habitudes commencées par l'école sont trop

imparfaitement gravées pour qu'il ne soit pas nécessaire de les faire continuer longtemps encore. Des dangers fort graves menacent la jeunesse ouvrière : le bar, le cabaret où l'on boit l'alcool meurtrier, le café-concert immoral, où l'esprit s'abreuve d'un autre poison, la mauvaise fréquentation qu'on trouve en ces lieux, la lecture immonde qui achève l'œuvre de perversion.

D'autre part, l'ouvrier, quel qu'il soit, trouve d'autres ennemis dans le cours de son existence : le chômage involontaire, l'accident du travail, la maladie, la vieillesse, peut-être la dette forcée, danger qu'on peut conjurer, ou tout au moins atténuer, par l'association.

Les sociétés de secours mutuels et de prévoyance, les caisses de retraite, les assurances diverses, les prêts-gratuits, les offices de placement, parent à cette catégorie de dangers ; les patronages, les petites A, les maisons du soldat et les sociétés de tempérance remplissent le rôle de sauvegarde de la jeunesse ; les fêtes de l'adolescence, les colonies et voyages post-scolaires, les sociétés musicales, orphéoniques, artistiques, les sociétés de gymnastique et de tir, lui procurent ce besoin d'activité, de force, d'entraînement, de joie, qui lui est nécessaire pour s'épanouir. Ainsi aux œuvres qui enseignent s'ajoutent celles qui moralisent, « la science ne se sépare pas de la conscience ».

Première conclusion : Un besoin social manifeste et une préoccupation de la démocratie ont fait naître le beau mouvement du lendemain de l'école, qui achève l'œuvre d'instruction et de moralisation de la jeunesse.

B. — Principes primordiaux de l'œuvre post-scolaire

« Il y a des lois aussi déterminées pour le développement de l'espèce humaine que pour la chute d'une pierre », a dit Auguste Comte. Le mouvement post-scolaire, œuvre longtemps préparée, éclose à son heure et bien viable, est la conséquence naturelle d'une loi sociologique, celle du progrès moral.

a). Le progrès tend invinciblement à resserrer tous les jours plus étroitement les rapports sociaux des hommes. Les découvertes de la science et la division du travail qui en résulte amènent la solidarité plus complète des professions ; l'égalité politique, le suffrage universel, la vie de tout un peuple rapprochée par la presse libre, nous procurent, en même temps que le bénéfice des vertus sociales, les conséquences des fléaux sociaux et des fautes individuelles propagées par contagion. Ainsi de plus en plus l'interdépendance devient la règle de la vie.

b). *L'éducation sociale* est la conséquence de cette interdépendance ; elle doit faire pénétrer dans les masses l'idée de *solidarité,* lui donner une forme sensible et doter l'humanité d'un *sens social* qu'il faut substituer au sens religieux, archaïque et insuffisant. L'éducation sociale se propose l'émancipation définitive de la raison ; elle veut pour chacun l'élévation à la complète maîtrise de soi, à cet état de l'esprit qui n'accepte que les vérités discutées et prouvées, en même temps qu'elle demande pour tous le règne de la solidarité, le seul qui ne mette pas des entraves au libre développement de l'esprit humain. Elle enseigne *la liberté,* qui est le libre épanouissement de chaque être, ce qui constitue son droit ; mais elle lui enseigne en même temps *la justice,* harmonie sublime de la société, ce qui constitue son devoir, un devoir impérieux qui est la sauvegarde du droit.

L'éducation sociale mène donc à une admirable plate-forme où le droit se confond avec le devoir, où l'on ne trouve plus des hommes menant le féroce combat de la vie individualiste, mais des êtres pétris de solidarité, qu'on doit considérer, selon le mot de Pascal, « comme un seul homme qui subsiste toujours ».

c). *L'œuvre post-scolaire,* mieux que l'école propre, permet de donner l'éducation sociale, car elle fait vivre ce qu'elle enseigne, exerce son action au moment où la raison prend corps et devient vraiment consciente, s'adapte au milieu où elle est établie et prend l'étudiant populaire lorsqu'il est mêlé à la lutte active des besoins et des passions, lorsqu'il se trace ses habitudes définitives.

Deuxième conclusion. — Le but général des œuvres post-scolaires se propose le développement physique, intellectuel et moral des adolescents et des adultes à un point de vue nettement social, visant la constitution d'individus de plus en plus forts au profit d'une société de plus en plus solidaire.

Troisième conclusion. — Les principes qui animent les œuvres complémentaires de l'école sont ceux de l'immortelle Déclaration des droits de l'homme et du citoyen, auxquels s'ajoutent quelques nouveaux principes consacrés définitivement par les progrès de la sociologie. On peut les résumer en trois articles :

1° Les œuvres post-scolaires doivent être *républicaines,* la République étant la seule forme de gouvernement sauvegardant à la fois la liberté et la justice ;

2° Elles doivent être *laïques*, dégagées par conséquent de toute attache confessionnelle, diminuant la valeur de la personnalité humaine ;

3° Elles doivent être *ouvrières du progrès*, s'appliquant à détruire les survivances du passé ou les fléaux contemporains : la tyrannie et l'intolérance, les privilèges et l'égoïsme personnel, les guerres et l'égoïsme national, le confessionnalisme et le chauvinisme, la mendicité et le paupérisme, l'alcoolisme et l'affaiblissement de la race ; se donnant pour mission, au contraire, de soutenir toutes les applications de la fraternelle solidarité : science et raison, liberté et justice, mutualité et assistance réciproque, prévoyance et assurance, arbitrage et large tolérance.

Selon la belle pensée d'Evelin, elles doivent apprendre « à distinguer l'honneur vrai de l'honneur faux, la solidarité bien entendue de l'esprit de corps, le patriotisme généreux, d'un fanatisme qui le rendrait haïssable, le courage raisonné et héroïque de la force qui s'exalte et de la violence qui se déshonore ».

C. — Les collaborateurs et le fonctionnement des œuvres post-scolaires

La collaboration au mouvement post-scolaire est un devoir aussi naturel que celui d'être bon, d'être juste, de payer l'impôt ou de servir sa patrie.

a). Ce que chacun reçoit de la société ne peut jamais être mis en balance avec ce qu'il lui donne. Les bienfaits sociaux sont manifestes. L'empire des morts nous domine, les services des contemporains nous confondent, la dette sociale nous écrase. Pour se libérer, chaque être social doit se pénétrer d'une véritable *reconnaissance universelle* et la manifester par une collaboration effective au mouvement post-scolaire. Quiconque détient une parcelle de la fortune matérielle ou intellectuelle doit prêter l'aide de son argent, de son savoir, de son dévouement à la fondation et au fonctionnement de toutes les œuvres péri-scolaires et post-scolaires.

b). Mieux que les hommes, à cause de leur plus grande affinité à se pénétrer du sens social, les femmes doivent être les collaboratrices du lendemain de l'école. D'elles dépend le succès définitif, qu'on n'obtiendra jamais tant que la vie du foyer, l'œuvre des femmes, ne sera pas animée du beau souffle solidariste, tant qu'il existera dans l'éducation familiale et sur le terrain moral, antinomie entre un idéal masculin et un idéal féminin. A l'Ecole, devenue le temple de la raison émancipée, comme dans tous les temples, les femmes doivent occuper une place fort importante.

c). De toute évidence cependant, le principal artisan de l'action directe est l'instituteur. Son influence sur les familles, sur les anciens élèves, son expérience professionnelle, son savoir mieux adéquat que tout autre aux populations au milieu desquelles il vit, le recommandent d'une façon toute spéciale à l'estime des étudiants populaires.

d). Ce que l'instituteur est pour la tâche quotidienne, les membres de l'enseignement secondaire et ceux de l'enseignement supérieur doivent l'être pour l'effort supplémentaire qui demande plus d'éclat et d'érudition. Le cerveau ne se sépare pas des autres parties du corps.

L'extension universitaire est, en même temps que le plus beau mouvement contemporain, l'action qui promet les résultats les plus féconds. Cette union de la pensée française, ces trois mains blanches et fluettes se rencontrant dans la grosse main calleuse de l'ouvrier sont un spectacle réconfortant pour l'avenir du pays.

e). La conséquence de l'appel à l'action universitaire exige que les sociétés post-scolaires tournent leurs regards vers les écoles normales et par tous les moyens à leur disposition s'efforcent de préparer les professeurs de demain et les élèves-maîtres à leur futur apostolat.

f). L'instituteur ne peut cependant, malgré la collaboration des amis de l'école, créer et diriger toutes les œuvres post-scolaires. Il se doit avant tout à l'enfance. *L'initiative privée* a le devoir de s'exercer à côté de la sienne. Plus on dépensera d'efforts et plutôt le résultat sera atteint. Toutefois, dans ce cas, le concours de l'instituteur doit être sollicité et une place doit lui être réservée dans la direction des sociétés fondées par l'effort privé.

g). La collaboration occulte doit compléter la collaboration active. Les sociétés d'enseignement populaire doivent intéresser *les familles* au succès de leur entreprise, de façon à élever à la fois le niveau moral des enfants et celui des parents et de se donner ainsi des auxiliaires.

Elles doivent s'efforcer d'obtenir des meilleurs et des plus instruits de leurs membres, une propagande active s'exerçant sur le *milieu social*. Des administrateurs-adjoints, encore mineurs, devront être nommés qui pourront devenir plus tard des administrateurs titulaires. La formation d'une classe dirigeante populaire, nécessaire dans une démocratie pour inspirer le sentiment directeur des foules, doit être la préoccupation constante de la France intellectuelle.

h). Afin que l'œuvre post-scolaire ne devienne pas un dogme et ne meure sous l'étau des prescriptions administratives et centralisatrices, pour leur éviter le fléau du fonctionnarisme et de la paperasserie, l'intolérance des religions et les compromissions des partis, les sociétés doivent rester indépendantes.

i). Cependant elles doivent se mettre en relations suivies et amicales avec les Sociétés voisines, l'union donnant la force sans aliéner le droit à la pensée libre et à la vie autonome. Des fédérations locales au premier plan, des unions régionales au second et enfin, au dessus, les congrès annuels, doivent apporter l'harmonie et assurer le triomphe.

Troisième conclusion. — Les œuvres post-scolaires, adéquates au but qu'elles poursuivent et au milieu où elles exercent leur bienfaisante action, autonomes mais fédérées avec les autres Sociétés d'une même ville, d'une même région, doivent naître et se développer du concours de l'initiative privée et de celui des maîtres des trois ordres d'enseignement, plus particulièrement des instituteurs qui sont les éducateurs immédiats du peuple.

Quatrième conclusion. — L'État, tuteur de l'école, doit se borner dans l'œuvre qui la continue à protéger, encourager et défendre.

Cinquième conclusion. — Aucune règle uniforme ne doit être imposée aux sociétés et aux groupements. Toutes doivent vivre du souffle qui les a créés. Cependant des *congrès annuels* doivent mettre en contact les idées qui inspirent le mouvement post-scolaire. De la communion générale, mais d'elle seule, doit sortir une direction indispensable pour éviter les efforts divergents et les tiraillements de l'indépendance indisciplinée.

D. — Voies et moyens pour assurer la pérennité des œuvres post-scolaires

Pour créer une œuvre populaire un généreux dévouement suffit bien souvent et les grands cœurs sont légion en France ; le difficile en notre pays, resté inconstant comme la vieille Gaule, c'est d'assurer la pérennité de l'œuvre créée, de mener à la moisson la semence qui a levé sans trop de difficultés.

a). Le zèle des collaborateurs est hors de soupçon, mais celui des bénéficiaires l'est beaucoup moins. Il n'y a pas offense à le déclarer : la jeunesse est trop souvent le jeu des passions et du hasard ; ses enthousiasmes n'ont de pareil que ses abandons subits.

Il est indispensable de compter avec cette légèreté naturelle et par une variété incessamment renouvelée de stimuler l'assiduité et la persévérance des étudiants populaires. Des fêtes, des réunions récréatives, des concours, des excursions, peuvent devenir d'excellents moyens de propagande post-scolaire.

b). Si la seule bonne volonté était suffisante pour animer les œuvres complémentaires de l'école on pourrait leur prédire, sans crainte d'erreur, un triomphe certain. Les conditions modernes, malheureusement, exigent un budget. Il faut des ressources aux sociétés post-scolaires comme à toute chose. Or, les cotisations des sociétaires sont forcément minimes ; la générosité des amis de l'école laïque est sûrement moins considérable que les exigences des nombreuses sociétés écloses de toutes parts, et les subventions des communes, des départements et de l'État, quoique considérables, deviennent des ruisseaux infimes à force d'être canalisées.

c). En face, l'œuvre laïque trouve une concurrence acharnée, une guerre sans trêve ni merci. L'adversaire est riche de fonds secrets et d'emprunts remboursables à une échéance indéterminée et dans un autre monde. La partie n'est pas égale : à la science, qui demande l'effort persévérant pour être assimilée, on oppose le psyttacisme, qui en dispense; à la raison, une exigeante qui veut la démonstration serrée, on substitue la révélation, qui n'admet pas la libre discussion; à la rude franchise, l'insinueuse flatterie; à la morale pure, rigoureuse sur le fond, sur le devoir, on oppose le formalisme moral, si indulgent pour les fautes intérieures de conscience.

Ainsi l'esprit laïque a une tâche redoutable à remplir qui l'oblige à descendre quelquefois des régions sereines de l'éducation au terre-à-terre de la vie matérielle, terrain plat et malsain sur lequel son infériorité est manifeste à l'heure actuelle, ce qui est un honneur évidemment, mais ce qui peut être aussi une cause d'insuccès.

d). Il devient indispensable, à toute association post-scolaire, d'obtenir la *personnalité civile,* afin qu'il lui soit loisible de recueillir les dons et legs des personnes généreuses, ester en justice, acheter et vendre. Cette condition lui est imposée par la nécessité de se procurer tous les outils de sa propagande : la revue, le livre, si puissants comme moyen d'action, l'illustration de la conférence par les projections lumineuses, l'outillage des cours, les jeux récréatifs, les frais divers et surtout les locaux, qu'il faut grandioses, vastes, spéciaux aux œuvres. Il faut songer à édifier les *palais du peuple.*

e). La voie ordinaire n'amène à la personnalité civile qu'après un long temps ; d'ailleurs, par elle-même, cette personnalité n'apporte pas la richesse. L'impérieuse nécessité du résultat à obtenir le plus tôt possible oblige aux voies indirectes :

Les petites A. doivent, dans la plupart des cas, devenir des *Cavé de l'adolescence* et par elles-mêmes ou par leur association aux fédérations régionales mutualistes, en même temps qu'à celles spéciales aux œuvres post-scolaires, assurer tous les services prévus par les articles 1 et 8 de la loi du 1er avril 1898. Presque tout le mouvement post-scolaire est prévu dans cette admirable charte des sociétés de secours mutuels.

Une autre voie serait ouverte à toutes les œuvres post-scolaires. Ce serait leur transformation en sociétés commerciales ou simplement civiles se proposant l'exploitation de propriétés ou le fonctionnement de coopératives diverses. Le moyen est fort délicat, plein d'aléas, gros de conséquences. Néanmoins, le principe doit être admis, mais aux deux conditions limitatives suivantes : l'opinion locale doit être en très grande majorité favorable à l'idée et la société commerciale doit toujours être nettement séparée de l'œuvre post-scolaire. On comprend que rien n'empêche le mouvement syndical et coopératif d'entretenir un réseau post-scolaire qui est une coopération d'idées et de sentiments généreux, mais les petites sociétés ne peuvent point être mercantiles ; elles ont besoin d'être pures et désintéressées. Comme la femme de César, elles ne doivent pas être soupçonnées. On peut admettre une action parallèle, souhaiter la communauté des membres, vivre de la prospérité commune, mais rigoureusement s'interdire toute inféodation, toute fusion.

Sixième conclusion. — Les œuvres post-scolaires doivent stimuler le zèle de leurs membres par des fêtes, des soirées récréatives, des concours, des excursions ; l'éducation esthétique doit être l'objet de leurs préoccupations, car c'est par elle qu'on peut atteindre à l'âme populaire.

Septième conclusion. — Les sociétés post-scolaires doivent tendre à se procurer des locaux spéciaux, vastes et bien aérés. Chaque localité devrait se bâtir sa maison du peuple. Les municipalités républicaines doivent considérer comme un devoir impérieux de subventionner les œuvres complémentaires de l'école, dont le but est le relèvement intellectuel et moral du pays.

Huitième conclusion. — Toute société doit s'efforcer d'obtenir la personnalité civile ; les Petites A. peuvent se la procurer en devenant *Cavé de l'adolescence ;* quant aux associations post-scolaires, en général, elles peuvent, en attendant que cette personnalité leur soit accordée par la voie ordinaire, si l'opinion locale est en très grosse majorité favorable à l'idée, demander des ressources à des syndicats ou des coopératives, établis dans un but philanthropique, avec une intention déclarée d'éducation sociale ; mais toujours l'œuvre commerciale, si louable soit-elle, doit être absolument en dehors des œuvres d'éducation et d'enseignement.

Fait de dévouement, d'abnégation, de pur altruisme, le beau mouvement post-scolaire doit ignorer le vil métal qui l'alimente ; il doit continuer la belle tradition française et prendre en main ce beau flambeau du désintéressement que la France leva si souvent au-dessus des nations.

Le rapporteur, Fernand BELLIOL.

DEUXIÈME COMMISSION

Membres : MM. ARBOUSSET, BEL, DE CASAMAJOR, COURTHIAL
PARGOIRE, REVERDY, RICARD, SALLES

Président : M. SALLES. *Secrétaire-rapporteur* : M. PARGOIRE

ÉDUCATION PHYSIQUE AU POINT DE VUE MILITAIRE. — LES ŒUVRES
POST-SCOLAIRES POURRAIENT-ELLES FACILITER UNE RÉDUCTION DE
SERVICE MILITAIRE ? — RÔLE DES ASSOCIATIONS A L'ÉGARD DES
SOLDATS.

Le rapporteur de la 2° Commission aurait voulu vous soumettre un travail absolument impersonnel, reflétant uniquement
ment les idées exposées dans les mémoires nombreux qu'il
comptait recevoir. Il avait le ferme espoir qu'à la répartition
des travaux déposés au Secrétariat général, il trouverait dans
son lot abondance de documents et qu'il n'aurait qu'à triom-
pher de l'embarras du choix pour vous servir un copieux travail. Hélas ! combien il a été déçu quand, moins heureux que
ses collègues des autres commissions, il s'est vu attribuer
trois mémoires seulement.

Néanmoins, après examen de ces travaux, il s'est déclaré
satisfait de son lot, trouvant qu'à défaut de la quantité il avait
eu la qualité. Les mémoires envoyés par MM. Ridey, instituteur à Guidel (Morbihan) et Jules Granier, instituteur intéri-
maire à Montpellier, présentent des qualités maîtresses. Ils envisagent les questions portées au programme sous leurs divers
aspects et résument en quelques lignes de belle venue les
avantages moraux et matériels que nos associations retireront
en faisant marcher de pair la culture intellectuelle et le développement physique de l'adolescence.

La question de l'éducation physique s'est, de tout temps,
imposée à la sollicitude des personnes éprises du perfection-
nement humain.

Elle a acquis, de nos jours, une importance capitale tant au
point de vue intellectuel et social qu'au point de vue militaire.

Dans ce siècle de fiévreuse activité économique, il est clair que la victoire restera à celui qui sera le mieux doué intellectuellement et physiquement.

Le travail cérébral devient si intense au milieu des préoccupations de la vie sociale, dans le tourbillon des affaires, pendant le surmenage de la scolarité, que l'exercice physique est nécessaire pour rétablir chez l'homme, comme chez l'adolescent, l'équilibre des fonctions physiologiques.

En outre, dans un pays comme le nôtre, exposé aux convoitises, c'est une nécessité patriotique et sacrée de fournir à la nation des cohortes de jeunes gens pliés de bonne heure à la discipline volontaire, rompus méthodiquement aux exercices du corps et préparés de longue main à donner à notre armée démocratisée, dans un minimum de temps de service, une organisation solide, inébranlable.

Ces préoccupations n'ont pas échappé aux hommes qui se dévouent au succès de nos œuvres post-scolaires. S'engageant avec ardeur dans le sillon fécond tracé par la Ligue de l'enseignement, les précédents congrès des Petites A ont étudié la question de l'éducation physique et marqué chacune de leurs assises annuelles par une nouveauté intéressante, par un progrès réel.

En 1898, au Congrès de Saint-Etienne, plusieurs vœux sont adoptés demandant :

1° Que l'autorité militaire autorise les jeunes gens faisant partie d'une Société d'anciens élèves, à suivre les cours, conférences, etc., organisés par les sociétés similaires qui pourraient exister dans leur lieu de garnison.

2° Que les cercles des sociétés d'anciens élèves admettent les jeunes soldats appartenant à une société similaire d'une région autre que celle du lieu de garnison.

A Lyon, en 1899, on étudie plus spécialement les « moyens de contribuer, dans les associations d'anciens élèves, au développement physique de l'enfant » et on émet le vœu :

1° Que les Petites A s'efforcent d'offrir à leurs membres, dans un emplacement de plein air, des jeux attrayants et variés (tir à la carabine, boules, croquet, paume, quilles, etc.) , qui puissent les arracher aux amusements de la rue et du cabaret, les distraire sans les corrompre et influer heureusement sur leur développement physique.

2° Qu'une section de gymnastique soit organisée dans chaque Amicale, pour former des moniteurs et favoriser la création de cours gymniques réguliers (exercices aux agrés, escrime, boxe, canne, etc.).

A Paris, en 1900, la question est traitée avec plus d'ampleur. L'éducation physique et militaire occupe les travaux d'une commission spéciale. Des décisions importantes sont prises;

les débats, les résolutions adoptées éclairent d'une vive lueur la voie à suivre. Voici les principaux vœux émis :

1° Les exercices physiques feront partie du programme général des sociétés post-scolaires.

2° La direction en sera confiée à des personnes compétentes, autant que possible rétribuées, pour éviter les abus et prévenir les réclamations.

3° L'éducation militaire préparatoire est comprise dans le plan général des sociétés d'éducation post-scolaire pour les jeunes gens de 16 à 21 ans.

4° Des concours régionaux d'éducation physique, de tir et de préparation militaire sont organisés sur tous les points du territoire français.

Dans les villes de garnison, des instituteurs pourront être demandés à l'administration de la guerre.

Des certificats d'aptitude physique seront délivrés après ces concours par les jurys ou par les associations compétentes, et auront leur sanction à l'arrivée au corps, dans les conditions prescrites par l'instruction du 29 avril 1892.

Le Congrès émet le vœu :

5° Que l'autorité militaire prenne les mesures nécessaires pour qu'il soit tenu compte aux jeunes gens, à leur arrivée au régiment, de l'aptitude physique qu'ils auront pu acquérir et de la production d'un livret civique de l'adolescent dont la généralisation est nécessaire.

6° Les sociétés des villes de garnison feront tous leurs efforts pour attirer à elles les jeunes soldats et pour leur assurer avec une amicale et fraternelle réception, les avantages et les distractions qu'elles offrent à leurs propres membres.

7° Qu'une campagne énergique soit immédiatement entreprise par les membres des Petites A auprès des élus du peuple, pour la création, l'organisation et les subventions de la maison laïque du soldat.

8° Que des caisses militaires soient établies dans toutes les sociétés et servent tout à la fois à subventionner la maison laïque du soldat et à récompenser directement le soldat sociétaire des résultats obtenus au corps.

9° Qu'il soit demandé au Parlement de voter dans le plus bref délai possible la mise à exécution de la loi de 1889, sur la préparation militaire des jeunes gens de 17 à 20 ans.

Voilà, messieurs, les doctrines qui ont prévalu dans nos précédents congrès. Il convient de rechercher dans quelle mesure les vœux émis ont abouti à des résultats pratiques.

En ce qui concerne l'autorisation à donner aux militaires pour suivre les cours organisés dans les villes de garnison, M. le Ministre de la guerre a répondu à M. le Président de la

Ligue de l'Enseignement qui lui posait la question, que pour les permissions à accorder relativement à la fréquentation des « réunions ou conférences », il fallait s'adresser aux chefs de corps « munis par le règlement des pouvoirs nécessaires ».

L'admission, dans les sociétés des villes de garnison, des jeunes gens appartenant à d'autres associations, a été résolue favorablement et a trouvé un écho fraternel auprès des divers groupements post-scolaires des grands centres, disposant d'assez vastes locaux. Un grand pas a été fait dans cette voie par la création, sur divers points, de *maisons laïques* ou de *foyers du soldat*.

La question des exercices physiques à organiser dans les petites associations a marché plus lentement. La plupart de ces associations ont leur siège à l'école, et ce n'est pas sans une certaine appréhension que les maîtres envisagent les graves responsabilités qu'ils encourent dans les cas prévus par l'article 1384 du Code civil.

Le défaut de direction dans les programmes des exercices à exécuter, l'absence de sanctions favorables aux jeunes gens ayant fait preuve de bonne volonté à s'exercer et qui ont acquis de sérieuses connaissances, ont retardé les progrès de l'éducation physique. Les circulaires du Ministre de la guerre, en date des 17 septembre 1900 et avril 1901, apportent une solution qui favorisera l'extension des exercices corporels. A l'avenir, « un certain nombre de places d'engagés volontaires sera réservé aux jeunes gens âgés d'au moins 19 ans, qui auront obtenu, à la suite d'épreuves subies devant une commission militaire, un *brevet de gymnastique et de tir*. Les circulaires sus-visées fixent les conditions du concours et donnent le programme des épreuves qui portent sur la *marche*, le *tir* et la *gymnastique*. Ce programme est celui qu'il convient d'adopter désormais, en attendant qu'en exécution de la loi de 1889, la préparation militaire des jeunes gens ait été organisée.

Examinons maintenant les points spéciaux qui sont soumis à vos délibérations.

Education physique au point de vue militaire. Les œuvres post-scolaires pourraient-elles faciliter une réduction du service militaire ?

Depuis l'établissement du service obligatoire pour tous, la question de l'éducation militaire de la jeunesse préoccupe, à juste titre, ceux qui envisagent ce double problème : la nécessité impérieuse d'avoir une armée prête pour la défense nationale ; la réduction de l'écrasante charge que le pays doit supporter par le fait de la paix armée.

La loi du 15 juillet 1889 sur le recrutement prévoyait bien, dans son article 85, qu'il serait pourvu ultérieurement, à l'aide de lois spéciales, aux mesures nécessaires pour assurer l'instruction militaire préalable des jeunes gens. Mais on ne se presse guère pour résoudre cette importante question.

Est-elle insoluble ? Nous ne le pensons pas. Il nous semble qu'en attendant des dispositions législatives efficaces, nos associations peuvent distribuer une éducation physique rationnelle qui servira de préparation progressive à un service militaire de plus en plus réduit.

Nombreux seront les avantages qui en résulteront. Le premier, le plus précieux, sera évidemment d'augmenter la valeur de notre armée. Nos jeunes gens acquerront une plus-value réelle s'ils sont rompus de bonne heure à une discipline librement consentie et longuement pratiquée ; s'ils possèdent la science technique qui leur permettra de s'assimiler avec facilité l'instruction théorique et pratique qu'ils sont appelés à recevoir au corps ; enfin, l'habitude de l'exercice, l'endurance acquise en pleine évolution de l'organisme, augmentera sensiblement leur force physique et leur permettra de supporter allègrement les épreuves de l'apprentissage militaire. Si nous ajoutons aux exercices de développement corporel la pratique du tir, des notions sur l'organisation de l'armée, le rôle des différentes armes, l'étude de la topographie, nous donnerons à l'armée des soldats à moitié formés et il sera alors permis d'envisager, sans aucune crainte patriotique, la possibilité de réduire le service militaire en allégeant sensiblement nos charges budgétaires.

Ainsi comprise, l'éducation physique au point de vue militaire aura naturellement pour base le programme des épreuves du *Brevet de gymnastique et de tir* récemment institué par le Ministre de la guerre.

Mais à qui incombera le soin d'exécuter ce programme ? Dans les villes, les centres importants, les ressources en argent et en personnel ne manquent pas : professeurs spéciaux, sociétés de gymnastique, stands, moniteurs divers, on trouve tout à souhait, tout vient à propos pour collaborer au résultat final. La difficulté est plus grande dans les communes rurales. Elles sont encore peu nombreuses les générations d'instituteurs ayant passé sous les drapeaux. Et puis, tous ces maîtres, quoique ayant été de bons soldats, ne sont pas doués pour remplir efficacement le rôle d'instructeurs. Le seraient-ils, qu'ils n'ont pas toujours le temps de s'y livrer, ayant à se consacrer à tant d'œuvres captivantes. On pourra bien trouver d'anciens sous-officiers qui deviendraient d'utiles collaborateurs; mais en les employant, en usant de leur concours bénévole, on contracte envers eux des obligations auxquelles il conviendrait de donner une compensation, soit à l'aide d'une rétribution communale, soit en les dispensant de quelques-unes des périodes d'appel (28 ou 13 jours) auxquelles ils peuvent encore être astreints. Enfin, une sanction qui provoquerait un actif mouvement en faveur de l'obtention du brevet militaire serait d'accorder aux jeunes gens possesseurs de ce titre la facilité d'être promus au premier grade militaire après trois mois de présence au corps et la libération conditionnelle au bout de deux ans ou un an de service, après avoir fait preuve d'instruction militaire suffisante.

Naguère, on considérait comme pouvant faire d'excellents soldats, après un an de service et aptes à entrer dans le cadre des officiers de réserve, les jeunes gens pourvus de connaissances assez élémentaires, mais ayant versé 1,500 francs au Trésor. On accorde aujourd'hui des dispenses nombreuses, entre autres aux ouvriers d'art qui font preuve de savoir technique.... en menuiserie ou en serrurerie, etc. A plus forte raison devrait-on exonérer d'un an ou de deux ans de service, le jeune homme qui apporte à l'armée, avec une somme de connaissances générales, un savoir technique représenté par une instruction militaire d'autant plus sérieuse qu'elle a été constatée sur brevet délivré par l'autorité compétente !

Rôle des Associations à l'égard des soldats

Les Associations post-scolaires peuvent-elles améliorer la situation morale et intellectuelle du soldat ? « Il suffira, nous dit M. Granier dans son rapport, d'examiner quelles modifications radicales la vie militaire apporte dans les habitudes et l'existence des recrues, pour résoudre la question.

» Le jeune homme se trouve tout à coup transporté dans un milieu absolument étranger pour lui. Tout est nouveau ; tout l'étonne : les chefs, les camarades, la discipline, le métier. Instinctivement il pense à ceux avec qui il a vécu ses premiers 20 ans, à son village qu'il n'avait peut-être jamais quitté avant l'incorporation, aux affections dont il était l'objet. Tout a changé autour de lui, il se sent isolé. S'il est timide ou dépourvu de ressources, il ne se créera des relations qu'à la longue, il se morfondra dans une solitude ennuyeuse. La caserne deviendra pour lui la prison noire, l'enceinte qui l'exile de tout ce qu'il avait aimé. Que les nouveaux camarades soient brusques, qu'il soit l'objet de quelque farce de mauvais goût, qu'il soit ignoré ou rebuté de ses chefs et il aura horreur de cette vie nouvelle ». Privé des conseils et de la tendresse de sa famille, désœuvré dans ses moments de loisir, il se trouve dans les meilleures conditions pour subir l'influence de l'ennemi du progrès qui est embusqué jusque dans les chambrées. Pour peu qu'il y soit incité par un camarade qui aura deviné son état d'âme, il se laissera entraîner dans un de ces cercles organisés par nos adversaires, où il trouvera, avec « toutes les distractions permises », des livres pieux, des jeux innocents et même des recommandations auprès des chefs dévoués à l'œuvre cléricale. Il est présumable qu'après une ou deux années de pareille fréquentation, les traditions laïques qu'on s'est efforcé d'inculquer au jeune soldat pendant son adolescence seront annihilées par la propagande déprimante faite autour de sa raison. L'armée ne rendra plus à la société qu'un ennemi de la cause laïque et républicaine.

Un sauvetage de ces volontés faibles, de ces âmes simples en risque de perdition, s'impose. Nous devons établir sans retard des fédérations départementales et régionales de nos œuvres post-scolaires, ayant entre elles des relations permanentes, de manière à créer des liens d'hospitalité réciproque, qui permettront au jeune homme appelé sous les drapeaux, de retrouver dans les villes où il va tenir garnison, ce que la Ligue de l'enseignement définissait si bien dans une admirable circulaire, un milieu de cordialité, de sympathie et d'appui ; un foyer amical qui le préserve de l'isolement, le fortifie contre les suggestions mauvaises ou les dangereux exemples. Il s'agit aussi de lui offrir, avec de saines distractions, les moyens de poursuivre son instruction, de cultiver son esprit, de développer son jugement et de former sa conscience.

Les essais tentés dans cette voie ont pleinement réussi. M. Johannès Merlat, l'infatigable provocateur de tant d'œuvres sociales, fondateur du *Foyer du soldat* de Saint-Etienne, à qui nous demandions, ces jours derniers, quelques renseignements sur l'organisation de son œuvre, nous disait avec sa foi d'apôtre : « Mais on peut en faire un peu partout, des patronages militaires ! Que faut-il pour réussir : 1° un peu d'argent ; 2° beaucoup de bonnes volontés non payantes ». Il ajoutait : « l'un est aussi difficile à trouver que l'autre. Mais aucun obstacle ne l'arrête. Il prend d'abord dans sa poche l'argent nécessaire, et en fait de bonne volonté, il fait agir la sienne. Il loue un local de 2 pièces, le meuble en cercle et en bibliothèque et tous les soirs de 6 h. à 8 h. 3/4, il donne asile aux jeunes soldats qui lui sont recommandés par nos Sociétés. Le *Foyer du soldat* est très fréquenté, puisque le registre des présences accuse 1201 entrées en moins de 6 mois. Mais tous les pays n'ont pas des hommes de dévouement de la trempe de Merlat.

La question des frais d'installation et loyer pourrait être

résolue par une cotisation minime versée par les diverses
associations affiliées à la Fédération départementale. Les conditions d'admission des jeunes soldats consisteraient dans la
production du *Livret civique* dont nous demandons la création.
Il y aurait entente entre le Bureau de la Fédération et les chefs
de corps relativement aux permissions à accorder aux militaires désireux de suivre les cours et conférences qui seraient
faits en dehors des heures de liberté dont ils disposent.

Si nous arrivions à créer dans chaque ville de garnison un
centre amical où le soldat trouverait un refuge protecteur,
nous aurions décuplé la puissance morale et sociale de nos
œuvres post-scolaires.

Il vous appartiendra, Messieurs, d'élargir les bases de ce
travail préparatoire en modifiant ou en complétant les vœux
suivants que nous soumettons à votre examen :

1° Qu'il soit publié un manuel spécial traitant des matières
portées au programme du *brevet militaire de gymnastique et de
tir*, à l'usage des jeunes gens appelés à recevoir l'intruction
militaire préparatoire.

2° Que la loi du 15 juillet 1889 sur le recrutement de l'armée
soit complétée dans le plus bref délai, par application de l'article 85 visant les mesures à prendre pour assurer l'instruction
militaire préalable des jeunes gens de 17 ans.

3° Que les instructeurs qui concourront gracieusement à l'éducation militaire des jeunes gens de 17 à 20 ans, puissent être
dispensés d'une des périodes d'appel dans la réserve de l'armée active ou de l'armée territoriale.

4° Que les communes soient chargées de la fourniture et de
l'entretien du matériel destiné à l'instruction militaire préparatoire lorsqu'un groupe d'au moins 10 jeunes gens ayant un
instructeur reconnu apte, en fera la demande.

5° Que l'autorité militaire tienne compte aux jeunes soldats
de la possession du brevet militaire de gymnastique et de tir
et que ce titre puisse leur permettre d'être promus au premier
grade après 3 mois de présence au corps, et les faire bénéficier
de la dispense d'un ou 2 ans de service après justification
d'une instruction militaire suffisante.

6° Que les Associations post-scolaires d'une même région
établissent entre elles des relations et des conventions réci-
proques tendant à favoriser l'admission dans les Sociétés des
villes de garnison, des jeunes soldats appelés sous les drapeaux.

7° Qu'il soit créé, au siège de chaque garnison, des centres
permettant de recevoir les jeunes soldats et de leur assurer
avec une amicale et fraternelle réception, les avantages moraux
et intellectuels et les distractions qu'ils trouvaient dans leurs
sociétés d'origine.

8° Qu'il soit institué un *Livret civique* destiné à être remis aux jeunes gens appelés sous les drapeaux. Ce livret, qui servirait de pièce d'identité, contiendrait la Déclaration des Droits de l'Homme, une notice résumant l'œuvre et les résultats de la Révolution française, des conseils et des instructions visant les dangers de l'alcoolisme et de l'abus du tabac, la liste des amis de l'Ecole et des Associations laïques d'enseignement et d'éducation des villes de garnison.

9° Que par le choix des exercices et le temps consacré à cet enseignement, l'éducation physique à l'école primaire puisse constituer une préparation suffisante à l'éducation militaire et que les directeurs d'œuvres scolaires et les instituteurs soient dégagés à ce sujet de toute responsabilité résultant de l'art. 1384 du Code civil.

Le secrétaire-rapporteur,

M. PARGOIRE.

TROISIÈME COMMISSION

Membres : Mmes BASTIDE, BOSC, BOURREL, BOUSQUET ;
M. CAIRÉ ; Mmes CAZALIS, JANNESSON et LEJEUNE.

Président : M. CAIRÉ. — *Secrétaire-rapporteur :* Mlle BASTIDE

ASSOCIATIONS DE JEUNES FILLES. — LEUR ORGANISATION. — OUVROIRS
POUR JEUNES FILLES SORTANT DES ÉCOLES LAÏQUES. — L'ÉDUCA-
TION MÉNAGÈRE.

I

Associations de jeunes filles

« Faire sans dire », telle doit être sans doute la devise de nos
Associations de jeunes filles, dont la modestie, on le sait, est
un grand mérite. Mais, dans l'occurence, il faut regretter, cet
excès de vertu, car il nous prive d'une foule de renseignements
qui nous eussent été précieux. La lumière n'est pas faite pour
être tenue sous le boisseau, et quiconque a des idées qui
peuvent profiter à une communauté a le devoir de les répandre.

Dix mémoires seulement ont été adressés à la troisième
commission (1). Nous aurions voulu, et il aurait fallu, en
recevoir un très grand nombre, car les associations d'anciennes
élèves de nos écoles sont très nombreuses et, nous le savons,
très prospères.

Un point sur lequel toutes les P. A. de France sont d'accord,
même celles qui n'ont rien écrit, est le but qu'elles se proposent
et qu'elles poursuivent avec foi et ardeur.

Nous empruntons aux excellents mémoires de Mlle Pila,

---

(1) Mme Barthélemy, directrice d'école à Paris, boulevard de Belleville,
Mme Chazot, institutrice à Celleneuve (Hérault); Mlle Loubet, institutrice
à Lamalou (Hérault); Mme Pagès, institutrice à Saint-Laurent-des-Nières
(Hérault); Mlle Pierre, directrice à Montpellier (Hérault); Mlle Pila, direc-
trice à Olonzac (Hérault); Mlle Puech, directrice à Montagnac (Hérault);
Mme Sarrazin, directrice à Nîmes (Gard); Mme Teyssier, directrice d'école
maternelle à Alais (Gard); Mme Thérond, directrice à Saint-Hippolyte-du-
Fort (Gard).

d'Olonzac, et de Mme Sarrazin, de Nimes, la définition, qui est un programme, des Associations de jeunes filles.

L'Association a pour but :

1° D'unir les anciennes élèves dans un sentiment de confraternité et de les habituer à la pratique de la solidarité;

2° De leur fournir les moyens de compléter leur instruction et de leur donner surtout les connaissances pratiques dont elles auront besoin dans le cours de la vie ;

3° De les diriger et de les aider dans le choix d'une carrière;

4° De les soustraire aux dangereuses influences du dehors et de leur donner le goût des distractions intelligentes et morales;

5° De travailler en commun à la prospérité de l'école en la faisant aimer.

II

Organisation

Si le but est unanime, on peut dire que la plus grande variété règne dans l'organisation des P. A. de jeunes filles.

Et il faut que ce soit ainsi. Les besoins ne sont pas tous les mêmes dans les diverses localités où sont fondées des Amicales; les moyens d'action et les ressources varient selon que l'on habite la ville ou la campagne, que la majorité de la population est aisée ou pauvre, lettrée ou ignorante, sympathique ou antipathique à l'école.

La liste serait longue de tout ce que l'on a essayé, réalisé, perfectionné dans les P. A. de jeunes filles. Elle serait sûrement intéressante et instructive. Seulement, ce n'est pas le passé que nous devons envisager dans ce congrès, mais l'avenir ; et c'est pourquoi, tout en nous inspirant d'ailleurs de ce qui se fait d'excellent dans les diverses associations que nous connaissons, nous proposons à l'assemblée d'abord les deux conclusions suivantes, qui sont des questions de principe :

1° Les P. A. de jeunes filles doivent être, avant tout, des écoles de solidarité ; l'égoïsme sous toutes ses formes doit y faire place à la bonté, qui est la condition essentielle de l'altruisme.

2° Il est désirable que la liberté la plus grande continue d'être laissée aux associations de jeunes filles, en ce qui concerne leur organisation et leur mode de développement (1).

Il convient de noter ensuite, ne fût-ce que comme rensei-

(1) Mme Pagès, Mme Chazot.

gnement, quels sont les moyens les plus propres pour assurer la vie de nos Amicales de jeunes filles.

Il faut sans doute que l'institutrice ait sur ses élèves une autorité morale incontestable, qu'elle leur fasse aimer leur association, non pas seulement pour les avantages de toute sorte et les distractions qu'elles pourront y trouver, mais surtout pour le bien moral et matériel qu'elles auront l'occasion et la possibilité d'y accomplir (1).

Cette opinion est si bien celle de toutes les institutrices et, d'une manière générale, de toutes les personnes qui collaborent à l'œuvre du lendemain de l'école, qu'il a paru inutile à la Commission d'émettre un vœu à ce sujet.

Parmi les moyens qu'il est bon de mentionner, nous mettrons en première ligne la création et l'alimentation d'une bibliothèque, et nous proposerons à l'assemblée les vœux suivants :

1° Que la bibliothèque des anciennes élèves soit indépendante de la bibliothèque scolaire, ou tout au moins, que la bibliothèque scolaire ait une section spéciale pour l'Amicale.

2° Que les livres qui la composent soient intéressants et bien écrits, d'un sentiment très pur, très élevé, mais que nos jeunes filles puissent toujours bien saisir.

3° Qu'un certain nombre d'ouvrages et de publications soient en rapport avec les devoirs des femmes, leurs occupations, leurs travaux.

4° Que les bibliothèques des P. A. soient largement subventionnées par les Conseils généraux et les Conseils municipaux (2).

L'office central des œuvres auxiliaires de l'Ecole renfermera dans ses colonnes des indications précieuses pour la formation des bibliothèques de jeunes filles.

Les conférences et les lectures commentées sont aussi fort goûtées des P. A. Plusieurs associations ont formulé des vœux à ce sujet ; nous les résumons en un seul, que la Commission a l'honneur de vous proposer :

Que l'on fasse fréquemment, au siège de l'Amicale, des conférences et des lectures commentées, sur des sujets propres à intéresser les jeunes filles : morale individuelle et sociale, devoirs des femmes, chefs-d'œuvre littéraires, récits de voyages, histoire, hygiène, savoir-vivre, etc.

A ce vœu, nous croyons devoir ajouter celui-ci, de l'Amicale d'Olonzac et de celle de Lamalou :

. Quelques conférenciers dévoués ne pourraient-ils pas porter

---

(1) Mlle Loubet, Mlle Puech.
(2) Divers mémoires.

la bonne semence dans les localités isolées où il existe des associations prospères ? Un crédit ne pourrait-il pas être ouvert, dans ce cas, pour frais de déplacement ?

Deux questions, celle des Ouvroirs et celle de l'Education ménagère, mériteraient la place d'honneur dans ce plan, à grandes lignes, d'organisation des P. A. ; elles ont une telle importance, que le Comité d'organisation du Congrès leur a réservé une place toute spéciale.

Les voyages et les fêtes sont les deux grandes attractions de nos Amicales.

A ce propos, la Commission, s'inspirant des travaux qui lui ont été adressés, vous propose d'émettre les vœux suivants :

En ce qui concerne les voyages :

1° Que les Pouvoirs publics fassent auprès des Compagnies de chemins de fer des démarches en vue d'obtenir qu'elles accordent aux P. A. voyageant en groupe, les mêmes avantages dont jouissent les sociétés musicales, de gymnastique ou autres ;

2° Que dans les villes où il y a une école normale ou un internat d'école supérieure, les P. A. de jeunes filles, voyageant en groupe pendant les vacances, soient autorisées à coucher dans lesdits établissements sans avoir rien à débourser.

En ce qui concerne les fêtes :

1° Que les programmes des fêtes et des concerts donnés par les Amicales de jeunes filles se composent d'œuvres absolument morales, et d'une valeur artistique et littéraire aussi grande que possible.

2° Que l'organe des œuvres auxiliaires de l'Ecole publie les programmes de fêtes qui lui seront communiqués, avec des détails qui porteront non pas sur la manière dont ce programme aura été interprété par les jeunes artistes amateurs, mais sur tous les points susceptibles d'éclairer celles qui voudront profiter de l'expérience acquise : nom des auteurs et des éditeurs, et, pour les œuvres peu connues, court résumé qui en fasse connaître le genre, le nombre de personnages et leur sexe, les costumes, la mise en scène, etc.

Il y aurait encore d'autres idées excellentes à extraire de quelques rapports soumis à la troisième Commission. Nous avons cru devoir nous borner aux plus générales.

Il y a cependant, dans l'intéressant mémoire de Mme Pagès, institutrice à Saint-Laurent-des-Nières (Hérault), une idée charmante, qui mérite qu'on la fasse connaître.

Qu'elle nous permette de la citer textuellement. « Nous avons notre petit budget, et les recettes sont supérieures aux dépenses, ce qui a permis à la Société d'offrir un petit souvenir à l'une des sociétaires à l'occasion de son mariage. »

Nous n'avons pas cru devoir émettre un vœu à ce sujet, car nous n'avons pas oublié l'état d'aimable anarchie qui a été préconisé au début ; cependant, qu'il nous soit permis de dire qu'il nous paraît très naturel d'exprimer, d'une manière quelconque, la part que prend l'Association tout entière à la joie comme à la douleur d'un de ses membres.

Union des Amicales

La solidarité, que nous avons mise à la base de nos P. A., ne doit pas seulement unir les membres de chaque Association mais les Associations entre elles.

Tous les mémoires qui nous ont été adressés demandent l'union, l'aide mutuelle, la fraternité.

Il faut, disent-ils en substance, que les P. A. se visitent, correspondent entre elles, échangent leurs statuts, leur bulletin, si elles en ont un ; se communiquent leurs idées, leurs essais, leurs impressions, leurs espérances, afin que l'expérience, parfois chèrement payée de l'une, évite des déceptions aux débutantes ; que les initiatives personnelles soient répandues pour être adaptées aux besoins et aux ressources d'autres Associations et reviennent souvent perfectionnées à leurs auteurs.

Mais l'aide morale ne suffit pas toujours, surtout entre Associations voisines ; l'aide matérielle est possible et désirable. Elle se réalisera par le prêt ou l'échange de morceaux de chant et de musique ; de pièces pour fêtes ou réunions ; de costumes de comédie, de livres de la bibliothèque, de l'appareil et de vues pour projections lumineuses ; de graines de plantes, boutures ; de modèles d'ouvrages, de patrons de vêtement ; l'échange de photographies d'Amicales, de cartes postales géographiques, etc.

Mlle Cazalis, directrice d'École à Montpellier, membre de la troisième Commission, propose le vœu suivant :

Il serait à souhaiter qu'il y eût, une fois par an, une assemblée générale des P. A. d'un département. Le lieu de la réunion : ville importante, site pittoresque, etc., serait fixé par la majorité ou, mieux encore, par l'entente des Comités d'administration de chaque Amicale qui voudrait bien donner son adhésion.

Enfin la Commission émet le vœu suivant qui lui paraît résumer tous les desiderata des auteurs des mémoires envoyés :

Qu'il s'établisse dans chaque Association de jeunes filles des rapports constants d'amitié et d'aide mutuelle, que ces rapports s'étendent aux P. A. voisines et d'une manière générale, à celles de toute la France, soit directement, soit par l'organe des œuvres auxiliaires de l'École.

III

Ouvroirs pour jeunes filles sortant des Écoles laïques

Un ouvroir est, par définition, un lieu où sont assemblées des jeunes filles sous la direction d'une maîtresse spéciale pour y apprendre à travailler.

Il diffère de l'atelier en ce qu'il n'est pas établi, comme celui-ci dans un but de lucre, au profit de la maîtresse qui a le droit de demander à ses apprenties un travail qui la dédommage de sa peine. Il a, d'ailleurs, pour objet principal d'apprendre aux jeunes filles ce que précisément on ne leur enseigne pas dans les ateliers de confection : la coupe et la confection d'objets de lingerie, le raccommodage, la broderie, le repassage, l'économie domestique, etc.

Mais il a aussi un but plus élevé : celui de soustraire les jeunes filles de 13, 14 ou 15 ans, aux promiscuités souvent pernicieuses de l'atelier où, sans transition et sans être nullement prévenues, elles entrent en sortant de l'école.

La création d'ouvroirs annexés à nos P. A. est considérée comme une œuvre de première et indiscutable nécessité par les auteurs des mémoires déjà cités et, d'une manière générale, par toutes les institutrices soucieuses de l'avenir de leurs élèves.

Aussi bien on peut dire qu'il n'y a peut-être pas d'Amicale de jeunes filles qui n'ait ses séances de couture et de raccommodage.

Mais ce ne sont pas des ouvroirs Il en existe cependant. Nous n'en citerons qu'un pour l'exemple : c'est l'Œuvre du Trousseau, fondée par Mme Béguin, directrice d'École à Paris, rue Riblette, 14.

D'après les statuts, cette œuvre, dont M. E. Petit parlait naguère avec tant d'enthousiasme dans une visite à une P. A. de l'Hérault, a pour but d'exciter et d'entretenir l'amour du foyer domestique, en recherchant les moyens de fournir à ses membres participants les ressources indispensables à la confection d'un trousseau.

Il y aurait intérêt à étudier dans ses moindres détails l'organisation de cette œuvre admirable, mais nous devons nous borner.

D'ailleurs, Mmes les Institutrices qui désireraient avoir un exemplaire de ces statuts n'ont qu'à s'adresser à Mme Béguin, qui ne les refuse jamais.

Il y aurait aussi beaucoup à glaner dans un rapport présenté l'an dernier, par Mme Chomel, membre de la Commission d'organisation du Congrès de Paris, rapport qui parut dans le Bulletin de « La Solidarité des Instituteurs et Institutrices de Paris (juin 1900) ».

Enfin, nous espérons lire, dans l'Organe des Œuvres auxiliaires de l'École, un article signé d'une de nos collègues de Paris, Mme Laurent, et dont le sujet se rapporte à la question que nous étudions.

Cependant, il faut se poser la question : comment établir un Ouvroir ? Les exemples que nous avons sous les yeux nous encouragent, sans doute, mais ce ne sont que des exemples et il faut aller droit aux faits.

C'est pourquoi la Commission a l'honneur de vous proposer d'émettre le vœu de principe suivant :

Partout où il sera possible de le faire, on établira des Ouvroirs où les jeunes filles, à leur sortie de l'école, apprendront ce qu'une femme, quelle que soit sa situation de fortune et son état, doit savoir : 1° la coupe et la confection des objets usuels de lingerie ; 2° le raccommodage ; 3° le repassage ; 4° l'économie domestique et, en particulier, la cuisine.

Quant aux moyens d'arriver à la création des Ouvroirs, il n'est pas possible de rien édicter. Il en est de même du programme et du règlement. Il appartient à chaque présidente d'Amicale de régler toutes choses, d'accord avec son conseil d'administration et en se basant sur les ressources dont elle dispose.

Cependant, quelques conditions essentielles sont communes à l'établissement d'un Ouvroir. Il faut :

1° Une salle autre que la salle de classe ;

2° Une maîtresse d'atelier autre que l'institutrice, laquelle, il ne faut pas l'oublier, a sa classe ;

3° Un crédit annuel pour le traitement de la directrice de l'Ouvroir et l'achat de fournitures nécessaires.

Ce crédit, indispensable, de l'avis unanime de la Commission, dans la majorité des cas, est des plus variables ; il dépend de tant de choses. Mais comme il est en réalité la pierre angulaire de l'édifice, il nous paraît que le premier souci du Conseil d'administration doit être de le rendre fixe, et c'est pourquoi la Commission propose le vœu suivant :

Il est désirable que les objets de lingerie, confectionnés dans les Ouvroirs à ressources faibles, fassent, une fois l'an, l'objet d'une vente, tombola ou loterie dont le produit serait affecté aux besoins de l'œuvre.

Enfin, il nous reste à émettre un dernier vœu, celui-ci se rattachant à la fois à la question des Patronages, traitée dans la cinquième Commission, et aussi, au dernier point de notre programme : l'éducation ménagère.

L'Ouvroir sera ouvert tous les jours, si cela est possible ; il deviendra un véritable Patronage où nos jeunes filles seront exercées non seulement aux travaux d'aiguille, mais encore au blanchissage et au repassage, à la cuisine, en un mot, à tous les travaux qu'une femme doit savoir exécuter (1).

Nota. — Au moment de mettre sous presse le rapport de la troisième Commission, un travail des plus intéressants nous arrive d'un Patronage de Paris, dirigé par Mme Barthélemy.

Beaucoup d'idées excellentes mériteraient d'en être retenues que nous pourrions ensuite, peut-être, adapter à nos œuvres; mais le temps nous manque et la place nous est mesurée. Il faut nous borner à extraire un ou deux articles des statuts, ceux qui font le mieux ressortir les tendances actuelles de l'École vers la solidarité et l'altruisme.

Article I. — Une section ayant pour titre : « Toutes pour une » est créée entre quelques jeunes filles du Patronage de Belleville.

Article II. — Cette Société a pour but d'envoyer, pour une période de 15 à 21 jours, une ou plusieurs jeunes ouvrières à la campagne, pendant les mois d'été (2).

Et Mme Barthélemy ajoute, dans une lettre tout à fait intime, de collègue à collègue : « Nous cherchons en ce moment le moyen de faire déjeuner à bon marché les petites ouvrières ou même de leur trouver un local leur permettant de faire rechauffer leur modeste repas et d'avoir un abri pendant le moment où l'atelier reste fermé. »

Inutile d'ajouter un commentaire à ce vœu, auquel nous joindrons celui de le voir se réaliser, non seulement à Paris, mais encore dans toutes les grandes villes de France.

IV

Éducation ménagère

La commission propose à l'Assemblée le vœu suivant :

Considérant que le temps et les moyens manquent à l'institutrice, pendant les années de scolarité de ses élèves, pour

---

(1) Vœux contenus en substance dans les mémoires de Mlle Loubet, de Mlle Puech et de Mme Sarrazin.

(2) Pour plus amples renseignements, s'adresser soit à Mme Barthélemy, directrice d'École à Paris, 75, boulevard Belleville, soit à Mlle Bastide, directrice de l'École « La Renaissance » à Cette (Hérault).

leur enseigner, par la méthode expérimentale, ce qui est nécessaire à une femme de savoir pour bien conduire son ménage, il serait désirable que l'on puisse ouvrir, une fois par semaine, des cours pratiques d'économie domestique et de cuisine.

Nous donnons à titre de simple renseignement le réglement suivant, qui peut être modifié selon les besoins, et surtout selon le temps et les ressources dont dispose l'institutrice :

Chaque séance durerait environ six heures. Elle comprendrait :

1° Le marché ;

2° Un premier exercice de cuisine : préparation de certains mets ou de certaines sauces qui demandent une longue cuisson ;

3° Un deuxième exercice de cuisine : derniers préparatifs du repas, confection de mets qui ne doivent pas être préparés à l'avance ;

4° La mise du couvert ;

5° Le repas pris en commun et auquel seraient invités quelques enfants pauvres de l'école ;

6° Le nettoyage et la mise en place de ce qui aurait servi soit à la préparation, soit à la consommation du repas.

Une ou deux fois par mois, une causerie sur l'économie domestique, l'hygiène, surtout l'hygiène des jeunes enfants, et l'alimentation, serait faite aux P. A., qu'elles appartiennent à l'ouvroir ou que déjà elles soient ouvrières et même mères de famille.

Voir un excellent programme d'éducation ménagère publié par la Ligue de l'enseignement.

A consulter aussi : l'*Alphabet de la ménagère*, par Ch. Driessens, l'apôtre bien connu de la cuisine bien comprise.

Terminons enfin par un vœu formulé par Mlle Pierre, directrice d'école à Montpellier. et qui résoudrait, pour les écoles nombreuses, à plusieurs classes, où la directrice a tant à faire, le difficile et parfois insoluble problème d'effectuer plusieurs choses en même temps :

« Que la directrice qui a quatre adjointes et 200 élèves soit déchargée de classe. »

Et celui-ci, présenté par plusieurs institutrices :

« Que les pouvoirs publics mettent à la disposition de l'institutrice soit les crédits nécessaires à l'organisation d'un cours régulier d'enseignement ménager, soit ces objets eux-mêmes. »

Le rapporteur,

M. BASTIDE.

QUATRIÈME COMMISSION

Membres : MM. AIN, BRUNEL, DELPRAT, FERRIER, LAVINAUD, PLANCHANT, VIEILLOT, VIEU.

Président : M. DELPRAT ; *Secrétaires-rapporteurs :* AIN et PLANCHANT

1° Les Mutualités d'adolescents. — Comment convient-il de les organiser ? A la ville ? A la campagne ? Doivent-elles rester indépendantes ou alimenter des Sociétés n'assurant que le service de la maladie ? Là où des Sociétés de type complet fonctionnent exclusivement pour les hommes, quelle attitude doit prendre la Mutualité de l'adolescence ? Doit-elle préférer le type mixte ou le type à sexe séparé ? Pense-t-on que la Mutualité scolaire doive rester entièrement indépendante de la Mutualité de l'adolescence, ou bien préfère-t-on qu'elles deviennent section d'une même Société ?

2° Office de la Mutualité (en tracer le projet).

1° Les mutualités d'adolescents

Les Mutualités scolaires, dues à l'éminent M. Cavé, se multiplient et prospèrent, grâce au dévouement incessant du personnel de l'enseignement primaire. Ces Sociétés d'enfants de 3 à 13 ans ne doivent pas seulement distribuer des secours aux malades ou créer des livrets de retraite en faveur des sociétaires ; elles doivent encore amener les jeunes mutualistes à devenir les mutualistes de l'âge mûr.

Quand l'enfant quitte l'école, deux causes principales lui font oublier les idées de Solidarité et de Prévoyance que la Mutualité scolaire avait mises en son intelligence. Des défections se produisent : 1° parce que l'élève n'est plus guère en contact avec ses maîtres, surtout dans les villes ; 2° parce que l'adolescent ne trouve plus assez de ressources pour ses besoins dans les secours donnés par la Mutualité scolaire, là où elle se continue jusqu'à la majorité. Ces défections sont autant de pertes pour les Mutualités de l'âge mûr.

Entre l'enfance et l'âge mûr, manque un anneau à la chaîne mutualiste. De là, nécessité d'organiser des Mutualités pour l'adolescence dans les localités où elles n'existent pas, ou bien de les établir et de les organiser sur d'autres bases dans celles où la Mutualité scolaire fonctionne jusqu'à la majorité.

Le mode d'organisation ne peut différer beaucoup entre la ville et la campagne. Les Sociétés d'adolescents doivent, pour produire des résultats sérieux, compter de 150 à 200 membres. Dans les villes, on atteindra facilement ces chiffres, on les dépassera même souvent. Il n'en sera pas de même à la campagne, surtout dans les localités peu importantes. A la ville, on pourra former une Société unique qui sera la continuation de la Société scolaire. A la campagne, il faudra grouper plusieurs villages, quelquefois tout le canton, pour former une Société d'adolescents. C'est la seule différence d'organisation qui puisse exister entre les Mutualités d'adolescents de la ville et celles de la campagne.

Les Sociétés d'adolescents doivent être la continuation de la Mutualité scolaire et la préparation des Sociétés mutuelles de l'âge mûr.

L'adolescent ne pouvant administrer une Société de secours mutuels, puisqu'il n'est pas majeur, la Société dont il fera partie devra être, sous la direction de l'instituteur, comme la Société scolaire. Cependant, il sera bon de faire entrer dans le Conseil d'administration, à titre consultatif, des adhérents de 16 à 21 ans, afin de les familiariser avec le mécanisme de l'administration des Sociétés mutualistes et les préparer ainsi à remplir plus tard des fonctions effectives dans les Mutualités de l'âge mûr.

Pour faciliter la tâche de l'instituteur, la Mutualité de l'adolescence ne devra pas former des Sociétés indépendantes ; mais il y aura avantage à ce qu'elle soit considérée comme section de la Mutualité scolaire. L'enfant passera naturellement de la section scolaire dans la section de l'adolescence à l'âge de 13 ans, ou bien après cet âge à sa sortie définitive de l'école. Il n'y aura qu'une seule Société de secours mutuels de 3 à 21 ans, mais avec deux sections : l'une pour l'enfance jusqu'à 13 ans ou au moment de la sortie de l'école, et l'autre pour l'adolescence jusqu'à la majorité. Cette Société sera sous la direction des instituteurs et institutrices.

Cette Société, aussi bien pour les enfants que pour les adolescents, devra être mixte, c'est-à-dire comprendre les garçons et les filles ; elle devra être aussi à type complet, c'est-à-dire accorder des secours en cas de maladie et faire des versements à la Caisse des retraites pour la vieillesse.

Les jeunes gens ou les jeunes filles qui entrent en apprentissage ou commencent à travailler, ont des besoins plus grands que pendant l'enfance ; ils ne peuvent se contenter de la modique indemnité prévue en cas de maladie par les statuts de la Mutualité scolaire ; pour parer à ces inconvénients et retenir les jeunes mutualistes, il faudra, par une modique augmentation de cotisation, qu'on puisse accorder aux adolescents des indemnités plus considérables que celles qui sont accordées par la Mutualité scolaire. Il sera bon de porter la cotisation à 0 fr. 15 au lieu de 0 fr. 10 par semaine ; 0 fr. 05 serviront aux versements sur les livrets de retraite et 0 fr. 10 seront affectés aux secours. De la sorte, on pourra doubler l'indemnité journalière et donner 1 franc par jour pendant le premier mois et 0 fr. 50 pendant les deux mois suivants.

Ces cotisations seront exigibles mensuellement ; les adolescents verseront 0 fr. 60 ou 0 fr. 75 par mois, selon qu'il y aura 4 ou 5 lundis dans le mois ; ces versements pourront s'effectuer le premier dimanche du mois de 9 heures à 11 heures du matin. L'instituteur se tiendra à la disposition des sociétaires au jour et aux heures indiqués. Ce mode de versement ne surchargerait pas trop le travail des maîtres et n'obligerait pas les jeunes mutualistes à se déranger de leur travail. En tous cas, les adolescents pourraient effectuer leurs versements par l'intermédiaire de leurs parents ou de leurs frères et voisins fréquentant l'école.

L'œuvre de la mutualité ne serait pas complète si l'on ne se préoccupait du passage des jeunes mutualistes dans les sociétés de secours mutuels de l'âge mûr. L'idéal serait de grouper, à leur majorité, tous ces jeunes gens et de les décider à former une société d'adultes qui serait la continuation des mutualités de l'école, mais où les maîtres n'interviendraient plus. Les adultes ayant fait leur apprentissage dans les sociétés d'adolescents administreraient eux-mêmes leur société. L'union commencée à l'école se continuerait ainsi jusqu'à la vieillesse.

Cet idéal d'une société unique, où se retrouveraient ceux qui se sont assis sur les bancs de la même école, serait avantageux en ce sens qu'il y aurait unité de vues entre l'enfance, l'adolescence et l'âge mûr d'une même localité et qu'il grouperait un plus grand nombre d'individualités ayant des aspirations et un but communs. Mais il offre des inconvénients que nous tenons à signaler.

Dans la plupart des communes existent déjà des sociétés de secours mutuels qui ont rendu et rendent encore de réels services. Fonder à côté d'elles une société unique avec les anciens élèves de nos écoles, ce serait risquer de compromettre le recrutement des premières et par là même les détruire ou, tout au moins, créer un antagonisme qui serait sûrement préjudiciable au succès définitif des idées de mutualité.

En outre, les groupements mutualistes, particulièrement dans les villes, sont professionnels, corporatifs. Selon les professions les risques d'accident sont plus ou moins nombreux, la durée des maladies plus ou moins longue. Cette diversité amène forcément des statuts différents. Telle société, pour parer à la pénurie des secours, exige une cotisation plus forte que telle autre. Des secours accordés par l'une sont souvent plus importants que ceux qu'on assure dans l'autre. Une société unique ne pourrait concilier cette diversité d'intérêts, sans violer cette règle fondamentale des mutualités : *A des droits égaux incombent des charges égales.*

Nous nous trouverons dans des situations différentes selon les communes.

Il y aura :

1º Des sociétés d'adultes à sexes séparés ;

2º Des sociétés à type mixte ;

3º Des sociétés d'un sexe seulement ;

4º Il n'existera aucune société.

Chacune de ces situations nous obligera à agir d'une manière spéciale.

En règle générale, nous tirerons parti des sociétés existantes en dirigeant nos anciens élèves vers ces sociétés. Une entente devra être conclue entre ces sociétés et nos sociétés d'adolescents, pour y faire entrer ceux-ci, sans qu'ils puissent perdre les droits déjà acquis et pour qu'ils y aient les mêmes avantages que les sociétaires primitifs.

Dans les deux premiers cas nous agirons ainsi ; dans le 3ᵉ cas nous nous efforcerons de faire transformer cette société en société mixte ; enfin là où il n'existera aucune société de secours mutuels, nous tâcherons d'en créer une mixte avec les anciens élèves de nos écoles.

Dans certaines communes existent seulement des sociétés n'accordant que des secours en cas de maladie et ne se préoccupant pas de la retraite pour la vieillesse. Là, nous ferons tous nos efforts pour amener ces sociétés à transformer leurs statuts pour les mettre en harmonie avec les nôtres.

Au Congrès mutualiste de l'année dernière, M. Cavé a déposé un vœu tendant à la création d'un livret de pension mutualiste comportant, au point de vue de la retraite, l'indication des droits acquis par le sociétaire dans chacune des sociétés auxquelles il se serait successivement affilié et permettant, par conséquent, la constitution de la pension en participation par ces sociétés. Ce vœu fut adopté à l'unanimité et transmis au Conseil supérieur de la mutualité.

Avec l'organisation des mutualités d'adolescents telle que nous venons de l'exposer, la création d'un livret de pension mutualiste devient d'une utilité incontestable pour nos sociétés de secours mutuels. En conséquence, nous vous proposerons de renouveler ce vœu et de le transmettre encore au Conseil supérieur de la mutualité et au ministre de l'intérieur pour en obtenir la création au plus tôt.

2° Office de la Mutualité.

Un office particulier à la mutualité ne nous paraît pas d'une grande utilité. Si le projet d'union des sociétés de secours mutuels du département de l'Hérault qui est soumis à l'étude, arrive à complète réalisation, et si dans chaque département pareille union vient à se conclure, le bureau de cette union départementale sera, pour chaque département, un office de la mutualité tout indiqué.

Nous préférerions un office plus large et moins spécial : ce serait l'office des œuvres post-scolaires laïques, qui s'occuperait non seulement des mutualité scolaires, mais encore aurait pour but le développement intellectuel, moral et physique des enfants qui ont fréquenté les écoles laïques.

Cet office pourrait être obtenu par la fédération départementale de toutes les sociétés post-scolaires. Le bureau de cette fédération deviendrait l'office demandé.

Le projet de cette fédération ne peut être donné dans tous ses détails ; on ne peut que l'esquisser à grands traits.

La fédération établie, le bureau pourrait être composé de dix ou douze membres dont la moitié auraient leur résidence au chef-lieu du département et l'autre moitié en dehors du chef-lieu. Les uns et les autres seraient élus par les présidents ou les membres du bureau des œuvres post-scolaires laïques.

Les membres résidant au chef-lieu formeraient une section permanente qui s'occuperait des affaires courantes. Le bureau se réunirait tout entier, au moins une fois par trimestre, pour statuer sur les affaires importantes.

Une assemblé générale des délégués de toutes les sociétés aurait lieu tous les ans pour statuer sur les questions soumises par le bureau.

Les dépenses de cet office seraient couvertes par une cotisation imposée à chaque société fédérée.

Cet office pourrait servir d'intermédiaire entre les sociétés post-scolaires et les pouvoirs publics ; être un comité de contentieux pour les litiges concernant les sociétés post-scolaires laïques ; rédiger une publication départementale de ces œuvres, organiser des bibliothèques circulantes pour les membres des bureaux ; désigner des conférenciers, servir d'office de placement gratuit, etc., etc.

En conséquence de ce qui précède, et au nom de la quatrième commission d'organisation, nous avons l'honneur de soumettre au Congrès les résolutions suivantes, relatives aux deux questions qui nous avaient été données à étudier :

Résolutions

1º *Mutualités de l'adolescence*

I. — Création de Sociétés de secours mutuels d'adolescents partout où elles font défaut.

II. — Élévation de la cotisation et des secours dans les Sociétés qui continuent la Mutualité jusqu'à la majorité, pendant l'adolescence, de manière qu'elles puissent accorder aux adolescents les mêmes avantages que les Sociétés d'adultes de la même localité.

III. — Formation dans les villes d'une Société unique d'adolescents anciens élèves ayant appartenu à la Mutualité scolaire.

IV. — Groupement de plusieurs communes, à la campagne, pour former une Société d'adolescents.

V. — Introduction, à titre consultatif, de jeunes gens de 16 à 21 ans dans les conseils d'administration des Sociétés d'adolescents.

VI. — Les Mutualités d'adolescents ne devront pas être indépendantes des Mutualités scolaires, mais former la deuxième section d'une même Société.

VII. — Les Sociétés de secours mutuels scolaires formeront deux sections : l'enfance, de 3 à 13 ans ; l'adolescence, de 13 ans à la majorité.

VIII. — Les Sociétés d'adolescents devront être : 1º mixtes ; 2' à type complet.

IX. — Pour les adolescents, la cotisation sera de 0 fr. 15 par semaine, et les secours seront le double de ceux qu'accorde la Mutualité scolaire là où il n'existe pas de Sociétés d'adultes.

X. — Les cotisations de l'adolescence seront payées mensuellement.

XI. — Les instituteurs s'entendront avec les Sociétés de

secours mutuels d'adultes pour faciliter l'entrée des adolescents majeurs dans ces Sociétés.

XII. — Dans les communes où il n'existera aucune Société de secours mutuels d'adultes, on s'efforcera d'en créer avec les adolescents majeurs.

XIII. — Le type à sexe mixte sera adopté de préférence pour les Sociétés d'adultes.

XIV. — Renouvellement du vœu de M. Cavé tendant à la création d'un livret de pension mutualiste, et transmission de ce vœu au conseil supérieur de la Mutualité et au ministre de l'intérieur.

2° *Office de la mutualité*

I. — Il n'est pas nécessaire de créer un office spécial de la mutualité scolaire, le bureau des unions départementales des sociétés de secours mutuels pouvant en tenir lieu.

II. — Il importe d'établir une fédération départementale des sociétés post-scolaires laïques. Le bureau de cette fédération fera fonction d'office pour ces sociétés.

III. — Que dans chaque département on nomme une commission chargée d'élaborer des statuts pour la fédération des sociétés post-scolaires laïques et de faire aboutir au plus vite cette fédération départementale.

Montpellier, le 10 juillet 1901.

Le Rapporteur : E. PLANCHANT.

CINQUIÈME COMMISSION

Membres : MM. AUDIBERT, JEANJEAN, KLEINSCHMIDT, LAROCHETTE ; Mlle MELLET ; MM. MOURGUE, ROUQUETTE, VALAT.

Président : M. MOURGUE ; *secrétaire-rapporteur :* M. ROUQUETTE

RAPPORT PRÉALABLE SUR L'ŒUVRE DES PATRONAGES SCOLAIRES ET POST-SCOLAIRES. — PLACEMENT. — CAISSES DE PRÊT ET DE SECOURS. — MAISONS DE L'ADOLESCENCE.

Messieurs,

La question des Patronages scolaires et post-scolaires est presque rangée dans la catégorie des choses déjà vécues, bien qu'elle ne remonte guère qu'à six ou sept ans. Tout vieillit si vite à notre époque ! Heureusement qu'à l'encontre de certaines autres questions qui perdent, avec le temps, jusqu'au bénéfice des succès et des services passés, celle-là conserve son intérêt de la première heure avec, en plus, quelque chose de vivement attachant qui tient à son but même, toujours approché, jamais complètement atteint. A ce titre, elle devait solliciter, de la façon la plus sérieuse, la pensée des organisateurs du deuxième Congrès national des œuvres post-scolaires.

Le premier appel à l'initiative privée dans un but de groupement semblable fut lancé, en effet, par la Ligue française de l'enseignement, en avril 1894. M. Léon Bourgeois, alors futur président de la Ligue, disait, peu après, avec cette conviction communicative qui lui a valu ses meilleurs succès, parce qu'ils n'ont pas été seulement oratoires, mais que d'heureuses conversions les ont marqués : « Il s'agit d'un entraînement moral et social de l'adolescence, et, pour produire cet entraînement, il faut une action continuelle, un groupement permanent, tout un réseau d'aides, d'appuis, de concours, d'échanges de sympathies et de services, ce que la famille donne aux plus heureux, une atmosphère saine et fortifiante, un foyer et, pour dire plus encore, un milieu moral, civique et social. »

Et ce milieu qu'il s'agissait de créer, c'est aux Associations de patronage qu'il en donnait mission. Et il indiquait, avec une remarquable précision, le but de ces institutions scolaires et post-scolaires, leur fonctionnement ; il faisait plus que montrer le jeu de ce faisceau de forces actives, il en faisait prévoir les résultats, qui, à ce jour, ont dépassé, certes, les premières espérances.

Un ministre de l'instruction publique, M. Poincaré, écrivait aux membres des délégations cantonales, des caisses des écoles et des commissions scolaires, dans une circulaire restée célèbre : « Vous pouvez prendre part à ce grand mouvement qui s'accentue en faveur des patronages laïques destinés à offrir aux élèves, d'abord pendant le temps de la scolarité, plus tard, au moment de l'apprentissage, la sympathie et la protection de personnes amies qui sauront les guider, les encourager dans les débuts de la vie et leur faire connaître, parfois dans des moments critiques, la douceur d'une bonne parole et la force d'un bon conseil. »

A de pareils appels, aussi sincères qu'éloquents, il n'y avait qu'à répondre par des actes, et l'on se mit partout à l'œuvre. D'un bout du territoire à l'autre, ce fut comme une immense floraison d'associations de patronage de diverse nature, mettant en jeu des moyens d'action différents, mais ayant toutes la même préoccupation, le même but : entourer d'une égale sollicitude, depuis la première enfance jusqu'à l'âge viril, les petits, les déshérités, les faibles, que le rapide courant de la vie actuelle aurait trop vite emportés loin des endroits où il faut que l'enfant, l'adolescent vivent pour grandir conformément à leur destinée et aux besoins de la vie moderne.

Cette œuvre a plus d'ambition aujourd'hui : elle veut s'étendre, elle s'est étendue même au-delà des limites que la première conception semblait lui avoir données ; son influence morale et sociale pénètre toutes les couches, et ce n'est plus l'enfant pauvre, l'adolescent nécessiteux qui sont l'unique objet de l'attention constante du patronage, ce sont tous ceux qui ont besoin d'être éclairés, guidés dans une voie où ils marcheraient trop péniblement seuls ; ce sont tous ceux que les forces semblent abandonner et qu'il faut à tout prix encourager, soutenir, relever ; car une perte sociale creuse un vide difficile à combler entièrement, et l'éviter, c'est réaliser un gain véritable.

Le Patronage doit viser plus loin et plus haut : tout en ne négligeant pas de soulager l'enfance et l'adolescence, ce qui semble bien être son rôle naturel, il a le devoir de leur apprendre, par une science à la portée des plus humbles, pourvu qu'ils aient de la bonne volonté, la solidarité, à supprimer les causes de misère sociale et matérielle dont elles souffrent trop souvent.

Mais cette action bienfaisante du Patronage, comment s'exerce-t-elle, et à quelle époque de la vie de l'enfant convient-il qu'elle s'affirme ? Le plus tôt possible, avant l'école, autour du berceau, et « du berceau à la paternité civique », elle continue à le guider. Cela peut bien paraître une assez heureuse mais une simple juxtaposition de mots : « le patronage du berceau » ; c'est pourtant une action réelle et décisive qu'il faut y voir et qui s'est manifestée, d'ailleurs, sous les formes les plus touchantes en même temps que les plus avantageuses pour l'enseignement laïque. Qui voudrait contester les immenses services que les crèches, les ouvroirs, les garderies, les pouponnières, Sociétés collaboratrices du patronage, ont rendus à nos écoles publiques ? C'est leur recrutement assuré ; car les parents, touchés inévitablement des premiers soins attentifs accordés à leurs jeunes enfants, ne rechercheront pas ailleurs ce qu'ils savent trouver chez nous : affection, dévouement, bien-être matériel, sécurité morale.

Pendant la scolarité de l'enfant, l'action du Patronage devient plus directe et plus sûre. Par la surveillance aussi active que bienveillante qu'il exerce, par les sanctions immédiates qu'il accorde aux efforts accomplis, par les secours qu'il distribue aux élèves nécessiteux, avec cette impartiale générosité qui ne soulève pas plus de plaintes qu'elle ne cause d'humiliations, il acquiert des titres à la gratitude des familles, titres contre lesquels les préjugés ne sauraient prévaloir. Ce n'est pas au nom d'un article de loi que le membre d'un Patronage sollicite l'effort des autres et agit lui-même ; c'est à la voix de la conscience qu'il obéit, et c'est cette voix qu'il s'efforce de faire entendre à ceux vers qui il se penche. C'est la raison qui le guide et c'est le cœur qui l'inspire ; et l'on conçoit difficilement qu'un père, qu'un tuteur résistent à des appels aussi désintéressés ; désintéressés, je me trompe, tout d'intérêt, au contraire, mais à l'égard de ceux à qui ils s'adressent. Dès lors, c'est la fréquentation scolaire obtenue et marquée au coin d'une régularité qu'il n'a jamais été donné de constater aux fameuses commissions instituées pourtant à cet effet.

L'œuvre prend l'école pour centre et pour point de départ; mais elle rayonne autour et réunit en un faisceau puissant toutes les ressources que peut créer l'esprit de solidarité sociale. Il s'agit d'intéresser à la prospérité matérielle et morale de l'enfance, non seulement les familles, mais tous les citoyens éclairés. On voit, par suite, que l'action morale et sociale du Patronage scolaire est réelle et haute, puisqu'elle opère des rapprochements heureux, provoque de précieux concours, un entraînement salutaire, inspire l'idée de dévouement, de sacrifice. Partout où il y a une école, on devrait rencontrer un Patronage correspondant ; c'est l'une des meilleures œuvres à multiplier : œuvre d'utilité pratique, d'assistance immédiate, de bienfaisance permanente. Le Patronage par rapport à l'école, c'est la fraîche humidité, le chaud rayon de soleil par rapport à la plante, qui n'en pousse que plus vigoureuse, avec promesse de fruits, qu'elle donnera plus tard beaux et savoureux.

Tous ces efforts, pour si laborieux qu'ils aient pu être, demeureraient néanmoins à peu près stériles si l'œuvre, après avoir été toute maternelle pour le jeune enfant, pour l'écolier, abandonnait l'adolescent, l'apprenti, que des occasions malsaines attendent au seuil même de la vie, où il entre faible et inexpérimenté. A lui voir faire les premiers pas, souriant, fier de jouir enfin de l'indépendance si désirée, et qui est précisément le plus grave danger pour lui, on se prend presque à regretter d'être obligé d'effacer ce sourire, de faire tomber cette fierté. Mais il le faut. Le Patronage le reprend et l'accompagne encore. De scolaire, il devient post-scolaire, et, avec ce nouveau caractère, il rendra des services non moins appréciables. La tâche, qui paraît au premier abord lourde et peu possible, sera relativement facile si le Patronage a commencé son œuvre de bonne heure et l'a continuée sans interruption. L'adolescent, pas plus que son père ou que son tuteur, à l'époque de sa scolarité, ne résistera pas à des conseils qu'il sait trop, par expérience, inspirés par l'intérêt qu'on lui porte. Il n'aura pas besoin d'être entraîné même ; par raison autant que par reconnaissance, il écoutera la parole amie qui part du cœur et va au cœur : il répondra à des appels qu'il reconnaît être faits uniquement pour son avantage, et se solidarisera même avec ces artisans du bien, qui, tout en lui apportant une part de bien-être, demandent en retour une part d'activité féconde. Le chemin de l'école sera repris. Cours et conférences l'attireront tout naturellement, et dans les villes où l'école ne peut pas toujours constituer un centre, le jeune homme se rendra avec une joie réelle dans ces maisons hospitalières dites maisons d'adolescence, parce qu'il est sûr d'y rencontrer une ou plusieurs de ces personnes qu'il a souvent vues à l'école, souvent rencontrées aussi chez lui, et qu'un « milieu moral, civique et social » est devenu pour lui un vrai besoin.

Ces « maisons de l'adolescence » ne pouvaient mieux et plus sûrement être recommandées que par ces paroles, prononcées à la séance de clôture du XX° Congrès de la Ligue française de l'enseignement, par le ministre actuel de l'instruction publique, et où se mêle, à une autorité incontestable, un charme irrésistible : « Défendez les jeunes gens contre l'oisiveté, contre les mauvaises tentations, contre l'attirance de ces cabarets dans lesquels on n'entend que de vilaines chansons, de vilains couplets, de choses qui n'ont rien à voir avec l'art et qui sont aux antipodes de l'esprit français. Amenez-les dans des salles de réunion, où vous leur parlerez d'art, où vous leur apprendrez à aimer les beaux rythmes, les belles mélodies. A la bonne heure ! c'est digne de nous, c'est digne de la France ! »

C'est bien le lendemain désiré de l'école, et le vrai, et le bon. Mais il ne suffit pas de suggérer de saines idées, d'inspirer de bons sentiments. C'est beaucoup, certes, de détourner de la pente fatale qui conduit à l'abîme. Ce n'est pas tout. Il faut encore et surtout procurer aux pupilles qui ont leur existence livrée au hasard une situation qui leur permette de faire leurs premiers pas dans la vie avec sûreté et honneur. Cette question des placements est de la plus haute importance ; elle doit passionner les hommes d'action, qui sont, en général aussi, des hommes de bien. Elle écarte, pour certains êtres abandonnés, la misère, le vice, et diminue d'autant le nombre malheureusement trop considérable des pervertis, véritable plaie sociale. C'est là un problème dont la solution n'est pas facile, évidemment ; mais elle resterait à jamais impossible si l'on ne tentait jamais d'efforts. Les résultats ne viennent pas d'eux-mêmes ; il faut en couver laborieusement un certain nombre pour goûter la satisfaction d'en voir éclore quelques-uns. Que toute association de Patronage prenne donc l'engagement de songer à ces avenirs incertains qui apportent fatalement des joies ou des tristesses, selon qu'ils ont été l'objet de très bonne heure d'une paternelle sollicitude ou d'une négligence coupable. C'est bien le cas ici de promettre peu, parce qu'on n'est pas sûr de tenir beaucoup, mais d'agir, de chercher et d'aller, le jour où l'on a trouvé — car la main finit par être heureuse quand le cœur reste toujours généreux — d'aller tirer le jeune garçon oisif de la rue, de cette « mauvaise conseillère » qui perd les meilleurs, et de lui dire, en le plaçant bien en face de la besogne à laquelle il pourra se livrer désormais : « Voilà un outil, avance ta main ; voilà une situation ; voilà ton pain assuré. C'est le salut pour toi et une garantie de plus pour la société, qui a besoin de tous les concours. Travaille pour rester honnête. »

Mais les meilleures intentions restent sans effet si l'on ne prépare, par une organisation pratique, la réalisation des vœux que l'on formule. La création d'offices locaux de placement gratuit et d'un office central s'impose et, dans cette pensée, le groupement en filiations volontairement constituées et de plus en plus générales de toutes les œuvres auxiliaires del'école, Amicales, Patronages, Mutualités scolaires, sections de l'Union des Parents et des Éducateurs, devient un idéal digne de mettre en mouvement les plus vives énergies, de tenter les plus généreuses activités.

Une classe d'adolescents malheureusement livrés à euxmêmes, sans soutien naturel, proie inévitable du vice qui ne leur réservequ'unlonget triste cortège d'avanies déprimantes, appelle d'une façon toute particulière l'intérêt des Associations de patronage. C'est celle de ces êtres perdus dans la foule, devenus mauvais, dangereux même parce que la bonté ne les a jamais caressés de ses douces ailes, de ceux que l'on cingle du mot de « vagabonds » et qui méritent plutôt la pitié que la sévérité. Des conseils, des vœux, ne suffisent plus, hélas ! et le danger grandit de ce côté et le remède devient pressant. Il faut créer des internats d'apprentissagequi constitueront un moyen immédiat de sécurité sociale et achemineront vers l'amélioration et l'unité morales dont le pays a tant besoin.

Telle est la double œuvre matérielle et morale, partant sociale, que peuvent accomplir, qu'ont accomplie en partie les patronages scolaires et post-scolaires. Quoique très haute, elle n'est pas au-dessus de leur portée, car, avec les revenus de leurs caisses de prêts et de secours, qu'alimentent suffisamment les ressources ordinaires des associations de ce genre et le fonds inépuisable de dévouement qu'apportent leurs membres, ils se trouvent avoir des moyens d'action si puissants qu'il est permis de se demander s'il peut surgir des difficultés insurmontables. Ils ont d'ailleurs fait leurs preuves, nos « Patronages laïques », et c'est bien le cas de dire, en ce qui les concerne, que le passé garantit l'avenir. Ils se sont multipliés, en un court espace, dans des proportions assez sensibles.Leur nombre est passé de 34, pour l'année scolaire 1894-1895, à 1005, pour l'année 1899-1900. On peut donc se dire, bien qu'il y ait à réfléchir sérieusement avant d'aller contre une affirmation de M. Édouard Petit, le « père » également dévoué de toutes les œuvres auxiliaires de l'école, s'il ne faut pas s'attendre à voir les Patronages arriver au degré de prospérité qu'ont déjà atteint les institutions-sœurs, mutualités et associations amicales.

Cela dépend uniquement de nous, mais de nous tous.«Nous collaborons tous à une même œuvre, disait M. le Ministre de l'Instruction publique dans le même discours auquel j'ai déjà fait un emprunt, et par là même aucun de nous, dans une société démocratique, n'a le droit de s'enfermer dans sa richesse, dans son bonheur comme dans une tour d'ivoire ; chacun est obligé de regarder autour de lui et de collaborer dans sa mesure à l'amélioration du sort de tous. »

Je termine sur ces paroles, qui sont le plus éloquent appel à l'initiative privée, la véritable force et la seule raison d'être des œuvres auxiliaires de l'école.

Le secrétaire-rapporteur : C. ROUQUETTE.

RÉSOLUTIONS PRISES PAR LA 5ᵉ COMMISSION

1° Le Congrès émet le vœu que les Patronages laïques exercent, et sans interruption, leur action matérielle et leur influence morale du « berceau à la paternité civique ».

2° Que le « Patronage du berceau » ait pour but spécial de multiplier des créations qui, par leur nature et leur objet, sont la meilleure garantie de sécurité matérielle et morale pour la première enfance, telles que crèches, ouvroirs, garderies, pouponnières et qui deviennent aussi des agents actifs et sûrs des écoles laïques, dont le recrutement se trouve ainsi assuré.

3° Que le « Patronage scolaire » s'adresse, en même temps qu'aux familles, à tous les citoyens éclairés et dignes, dont le concours actif et dévoué contribuera à étendre et à fortifier son action au double point de vue du recrutement et de la fréquentation scolaires.

4° Qu'il soit institué par les « Patronages scolaires », sans qu'il puisse être touché aux secours qu'il est nécessaire de distribuer, des récompenses spéciales destinées aux élèves les plus assidus et qui font preuve de la meilleure volonté, tant au point de vue des travaux à exécuter que de la conduite à tenir.

5° Que les « Patronages scolaires » fassent don d'un livret de mutualiste aux plus intéressants de leurs pupilles et prennent à leur charge le versement des cotisations jusqu'à l'époque où ce versement pourra être effectué par les pupilles eux-mêmes.

6° Que les « Patronages post-scolaires » assurent le vrai lendemain de l'école en accordant à l'adolescence une protection aussi efficace et des avantages aussi réels et immédiats qu'à l'enfance.

7° L'Association amicale et le Patronage poursuivant des buts similaires, qu'il soit établi l'une et l'autre dans la même école, toutes les fois que la chose sera possible et qu'il soit tenté de combiner les deux institutions en associant les intérêts en même temps que les idées;

8° Considérant que les Patronages scolaires et post-scolaires ne seront assurés d'être efficaces que s'ils obtiennent la collaboration de toutes les énergies familiales et sociales groupées autour de l'école, le Congrès émet le vœu que les associations d'anciens élèves, les patronages et les mutualités scolaires s'adjoignent, pour les aider dans leur mission sociale, des sections de « l'Union des Parents et des Éducateurs ».

9° Considérant que le placement des anciens élèves est l'œuvre la plus importante et la plus décisive des Patronages, le Congrès émet le vœu que chaque Association de patronage constitue un « Office local de placement gratuit ».

10° En attendant la création de « ces offices locaux » dont l'entrée en rapport provoquera celle d'« offices centraux », le Congrès émet le vœu que le Ministère du commerce institue dans ses locaux un « Office national » de placement gratuit ouvert aux petites A.

11° Que l'organisation des maisons d'adolescence se poursuive partout et spécialement dans les grands centres, et que l'on s'efforce d'y introduire le plus d'éléments propres à attirer et à retenir la jeunesse.

Vœux Divers

12° Le Congrès renouvelle les vœux déjà émis en faveur de la création d'écoles d'apprentissage pour les jeunes vagabonds.

13° Le Congrès renouvelle les vœux émis en faveur d. la protection à accorder aux jeunes détenus libérés, et il demande qu'une loi intervienne pour que ceux qui ont donné la preuve d'un réel relèvement moral accomplissent leur service militaire dans les mêmes conditions que n'importe quel citoyen français.

Le secrétaire-rapporteur : C. ROUQUETTE.